André-Philippe Côté

PSYCHOSES & Cie

Docteur Smog à votre écoute

Coloration et mise en place des décors : GAG (André Gagnon)

ISBN: 2-874-42064-6

● 2005 Vie&Cie - Casterman

Tous droits de reproduction, de traduction et d'adaptation
réservés pour tous pays.

Première édition - février 2005

Imprimé en France par Pollina s.a., Luçon - n° L20156. Dépôt légal : février 2005 ; D.2005/0053/94.

Confidence

Pas de problèmes

L'amour aveugle

L'amour fou

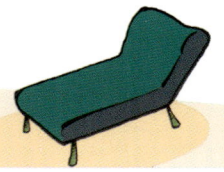

Cybersympa

Aqua-Tic

Docteur, votre poisson est sorti de son aquarium !

C'est normal !

Sa thérapie a bien marché !

Sexplicite

Psy-réalité

Cerveau reptilien
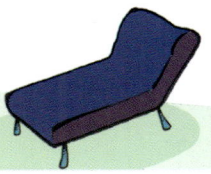

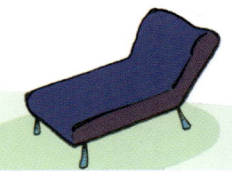

Mort de rire

Les feux de l'amour

L'écrit vain

Fils indigne

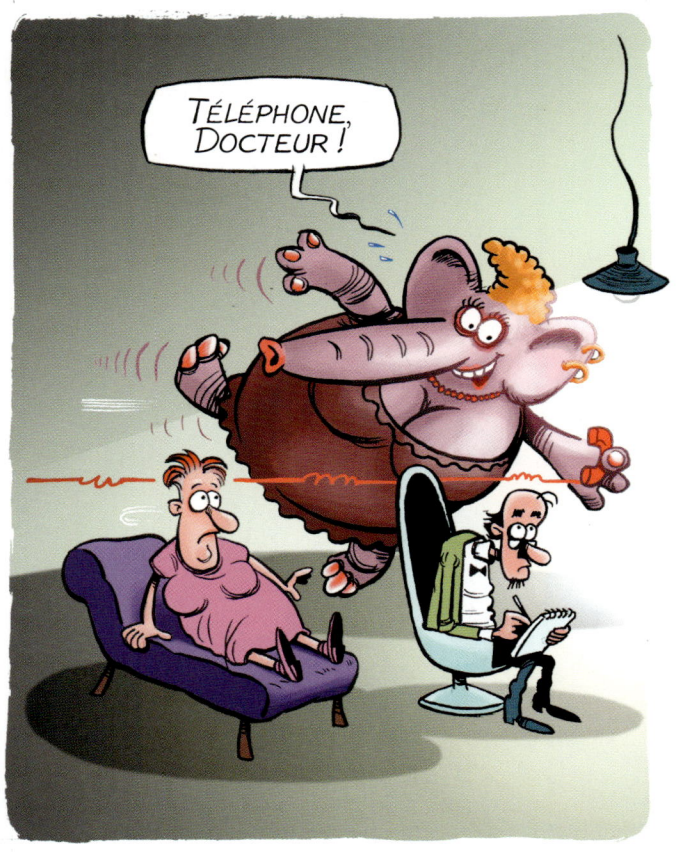

Vrai ou fou

À dormir debout

Vol gratuit

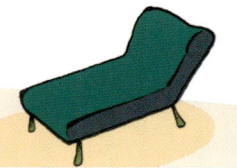

Surbooké

Simplement normale

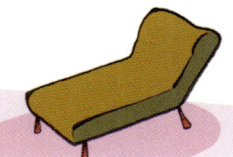

Hum ! Hum !

Pas de chance

Pas si belle

Nevr-osée

Vous avez dit guéri ?

Désastrologie

C'est clair...

Maritime

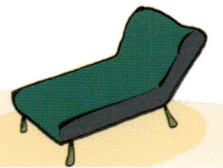

Allez Marcel !

Infidélités

All'eau

Homo modernus

Star épidémie

IL PARAÎT QU'IL Y A PLUSIEURS VEDETTES QUI CONSULTENT DES PSYS... J'AI LU ÇA DANS UN MAGAZINE !

VOUS... EUH... DOCTEUR, AVEZ-VOUS... DES... DES...

...DES VEDETTES DANS VOTRE CLIENTÈLE ?!?

NON... MOI, IL Y A JUSTE LES RATÉS QUI ME CONSULTENT !

Divine

Psy phobique

Câlins canins

Délivrez moi !

Folle journée

Success story

Poing final

L'homme idéal

AAAA

Sens unique

Miroir miroir

Tapage diurne

 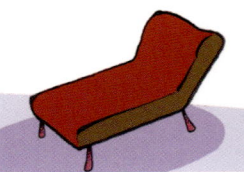

Qui de nous deux ?

VOUS ÊTES AUSSI FOU QUE MOI...
VOUS ÊTES AUSSI FOU QUE MOI !!!

JE VAIS VOUS RACONTER UNE HISTOIRE...
IL Y A DEUX FOUS DANS UNE PIÈCE...

L'UN DES FOUS PAIE 100 EUROS CHAQUE FOIS QU'IL VEUT PARLER À L'AUTRE FOU. LEQUEL DES DEUX EST LE PLUS FOU ?!?

ZZZZ

Sortilège

UN JOUR, MA FEMME EST SORTIE EN DISANT... « JE VAIS M'ACHETER UN SOUTIEN-GORGE ! » ET ELLE N'EST JAMAIS REVENUE !

L'ANNÉE DERNIÈRE, MON FILS EST PARTI POUR LE LYCÉE ET IL N'EST JAMAIS REVENU !

LA SEMAINE PASSÉE, MON CHAT EST SORTI ET IL N'EST JAMAIS REVENU !

DOCTEUR ?